EN VEDETTE DANS CE LIVRE

★ ANKYLOSAURUS ★

(an-KILO-zo-RUSS)

Ankylosaurus signifie « lézard soudé ou rigide »

SAVAIS-TU QUE...

Ankylosaurus est connu pour être un dinosaure possédant l'une des cuirasses les plus résistantes et qu'il était bâti comme un char d'assaut ? Il était extrêmement bien protégé, même contre les carnivores (les mangeurs de viande) les plus affamés, mais il avait un point faible... Nous y reviendrons plus en détail !

« UN CHAR D'ASSAUT SUR PATTES »

PLANTONS LE DÉCOR

Tout a commencé quand les premiers dinosaures sont apparus il y a environ 231 millions d'années, pendant le Trias.

C'était le début de l'ère des dinosaures, une période où ils allaient être les rois du monde!

Les scientifiques appellent cette période le

MÉSOZOÏQUE.
(mé-zo-zo-ic)

Elle a duré si longtemps qu'ils l'ont divisée en trois parties.

Le TRIAS
51 millions d'années

Le JURASSIQUE
56 millions d'années

il y a **252** millions d'années

il y a **201** millions d'années

Ankylosaurus a existé durant le Crétacé,
il y a entre 66 et 68 millions d'années.

Le
CRÉTACÉ
79 millions d'années

il y a **145** millions d'années   il y a **66** millions d'années

La Terre n'a pas toujours été comme on la connaît. Avant les dinosaures et au début du Mésozoïque, tous les continents étaient soudés et formaient un supercontinent appelé « la Pangée ». Au fil du temps, les choses ont changé, et à la fin du Crétacé, la Terre ressemblait plutôt à ceci.

CRÉTACÉ IL Y A 66 MILLIONS D'ANNÉES

Ce nom vient du mot « craie » en latin

TRIAS

Extrêmement chaud, sec et poussiéreux

JURASSIQUE

Très chaud, humide et tropical

CRÉTACÉ

Chaud, pluvieux et saisonnier

Pendant le Crétacé, les continents ont continué à se séparer et la Terre a pris une apparence semblable à celle qu'on lui connaît aujourd'hui.

D'OÙ VIENT-IL ?

Voici ce que nous savons à ce jour et où nous l'avons découvert...

CE QU'ON A DÉCOUVERT :

5 SQUELETTES PARTIELS

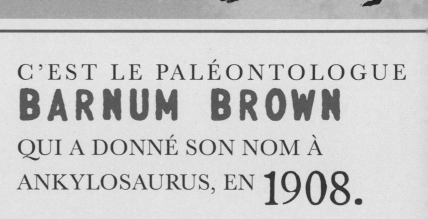

C'EST LE PALÉONTOLOGUE **BARNUM BROWN** QUI A DONNÉ SON NOM À ANKYLOSAURUS, EN **1908.**

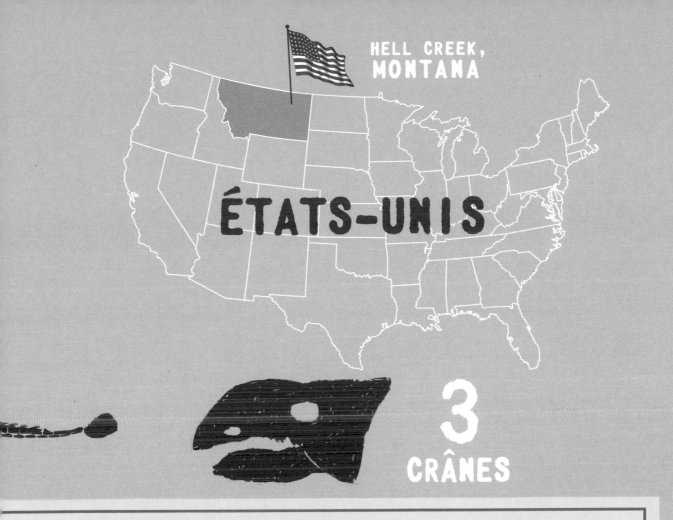

HELL CREEK,
MONTANA

ÉTATS-UNIS

3
CRÂNES

Le premier fossile a été découvert dans la formation de Hell Creek, dans le Montana, par une équipe dirigée par un très célèbre paléontologue du nom de Barnum Brown, que ses amis surnommaient « *Mr Bones* » (Monsieur Os). Des chercheurs ont aussi trouvé des spécimens d'*Ankylosaurus* au Wyoming (États-Unis) ainsi qu'en Alberta et en Saskatchewan (Canada).

Bien qu'*Ankylosaurus* soit le plus populaire des dinosaures cuirassés, on en possède très peu de fossiles. En fait, nous n'avons encore jamais trouvé bon nombre de ses os, dont le bassin, la queue et les pieds !

PORTRAIT

Certains des premiers dinosaures étaient
petits et de constitution délicate. Ce n'est
que plus tard que sont apparus les géants,
et *Ankylosaurus* appartient sans aucun doute
à cette catégorie.

ANKYLOSAURUS

Regardons *Ankylosaurus* pour voir en quoi il était spécial, fascinant et complètement extraordinaire!

PORTE
2 mètres

S'il avait tenté de passer par une porte ordinaire, *Ankylosaurus* serait resté coincé! Son corps très large aurait nécessité une porte double.

ANKYLOSAURUS

Longueur : **de 6,25 à 9 mètres**

Hauteur : **de 1,7 à 2 mètres**

Poids : **de 5000 à 6000 kilogrammes**

Largeur : **1,5 mètre**

AUTOBUS À ÉTAGE

Longueur : 11 mètres Hauteur : 4,5 mètres Poids : 8000 kilogrammes **(vide)** Largeur : 2,5 mètres

SOURIS

ÉLÉPHANT D'AFRIQUE MOYEN

Longueur : **6 mètres**

Hauteur : **3,5 mètres**

Poids : **5000 kilogrammes**

TROUILLE-
0 - MÈTRE

Où se classe
Ankylosaurus?

AUCUNEMENT
TERRIFIANT

| 1 | 2 | 3 | 4 | 5 |

↑

Par une belle
journée normale
à manger et
à relaxer.

HAAAAA !!!

Tyrannosaurus rex
est hors catégorie !

6	7	8	9	10

La massue qui terminait la
queue d'*Ankylosaurus* était
suffisamment redoutable pour
repousser les attaques de
n'importe quel dinosaure !

JUGEOTE

Quand nous avons commencé à découvrir des dinosaures, nous pensions qu'ils étaient plutôt stupides!

Par la suite, quelques scientifiques ont cru que certains dinosaures avaient un second cerveau près de leur derrière! On sait aujourd'hui que rien de cela n'est vrai.

Les scientifiques reconnaissent maintenant que les dinosaures n'avaient qu'un seul cerveau et qu'ils étaient plutôt futés pour des reptiles. Certains comptaient même parmi les plus intelligentes créatures sur Terre pendant le Mésozoïque. Cela dit, la plupart des mammifères actuels n'auraient rien à leur envier sur ce plan.

En tenant compte de :

leur taille

la taille de leur cerveau

leur odorat

leur vue

les scientifiques sont en mesure de les comparer les uns aux autres...

OÙ FIGURE ANKYLOSAURUS, UN HERBIVORE, AU PALMARÈS DES CERVEAUX ?

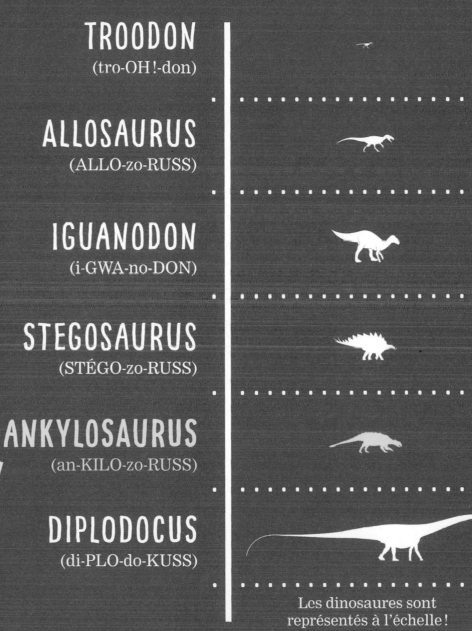

TROODON
(tro-OH!-don)

10/10
CARNIVORE
(le plus intelligent)

ALLOSAURUS
(ALLO-zo-RUSS)

8/10
CARNIVORE

IGUANODON
(i-GWA-no-DON)

6/10
HERBIVORE

STEGOSAURUS
(STÉGO-zo-RUSS)

3/10
HERBIVORE

ANKYLOSAURUS
(an-KILO-zo-RUSS)

3/10
HERBIVORE

DIPLODOCUS
(di-PLO-do-KUSS)

2/10
HERBIVORE
(pas tellement intelligent)

Les dinosaures sont
représentés à l'échelle !

RAPIDOMÈTRE

LENT

① ② ③ ④ ⑤

Ankylosaurus
était lent, mais
bien protégé.

RAPIDE

6 7 8 9 10

ARMES

9/10

Les dinosaures lents et lourds avaient besoin de toute la protection possible pour survivre aux attaques des plus redoutables créatures à avoir foulé la Terre !

Ankylosaurus porte le surnom de «char d'assaut sur pattes», mais son nom veut en fait dire «lézard soudé ou rigide». On le nomme ainsi en raison de l'armure qui recouvrait la majorité de son corps et en faisait l'un des dinosaures les mieux protégés.

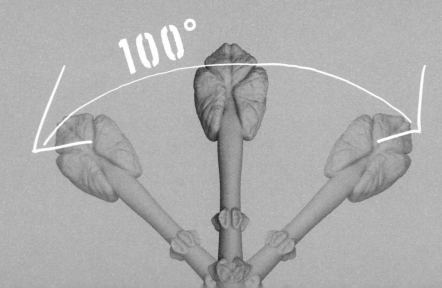

100°

Faite de vertèbres soudées («qui sont figées ensemble»), sa massue était une puissante arme. Elle pouvait briser des os et était presque aussi grosse que son crâne. Encore à ce jour, nous n'en avons trouvé qu'une seule.

VOICI LES CARACTÉRISTIQUES PARTICULIÈRES SUR LESQUELLES ANKYLOSAURUS COMPTAIT POUR SE DÉFENDRE:

CORNES

POINTES

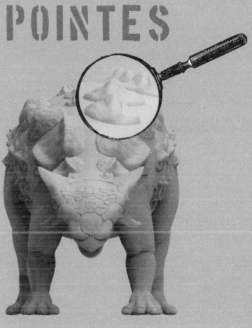

Cuirasse composée de

SCUTELLES

MASSUE

DENTS

On en apprend beaucoup sur un dinosaure simplement en observant ses dents. Regardons donc à quoi ressemblaient les dents d'*Ankylosaurus* et de quoi il se nourrissait.

Ses petites dents en forme de feuille étaient justement parfaites pour sectionner les feuilles dont il se nourrissait, mais beaucoup moins adaptées à la mastication. On croit donc qu'*Ankylosaurus* avalait entière une bonne partie de sa nourriture.

Cette dent représentée à sa taille réelle d'un centimètre de long montre bien à quel point elles étaient petites en comparaison de l'herbivore géant qu'était *Ankylosaurus*!

 Dent de 1 centimètre en taille réelle

La voici agrandie pour que tu en voies les détails

AU MENU

Étant donné l'importante cuirasse qui le recouvrait, *Ankylosaurus* ne pouvait probablement pas lever son lourd cou beaucoup plus haut que le sol. Il devait donc se nourrir de fougères et de plantes basses.

Puisqu'il ne mastiquait pas suffisamment sa nourriture, son estomac devait être spécialement conçu pour l'aider à digérer les plantes les plus coriaces, et cela avait un effet indésirable : il émettait probablement beaucoup de gaz puants !

Bon nombre de dinosaures n'avaient pas de dents de mastication. Ils avalaient donc des cailloux pour faciliter leur digestion, comme le font encore certains oiseaux et reptiles. Ces cailloux portent le nom de «gastrolithes».

QUI HABITAIT DANS LE MÊME
VOISINAGE ?

Récemment découvert dans la formation de Hell Creek, dans le Dakota du Sud, *Dakotaraptor* est l'un des plus gros droméosaures (les «raptors») connus à ce jour.

Voici une griffe en taille réelle. Terrifiant !

Muni d'énormes griffes pouvant causer des blessures mortelles, ce dinosaure de 5 mètres de long était un prédateur redoutable.

DAKOTARAPTOR
(dakota-RAP-tor)

Habitant les mêmes régions qu'*Ankylosaurus*, *Dakotaraptor* était le genre de voisin que l'on évite à tout prix !

TYRANNOSAURUS REX

(ti-RAAAH!-nozo-RUSS rex)

La mâchoire de l'infâme *T. rex* était assez puissante pour écraser une voiture (si elles avaient existé à l'époque, bien entendu). Cette machine à broyer les os devait tenter de renverser *Ankylosaurus* sur son dos, ce que seul un colosse peut arriver à faire, pour atteindre l'unique point faible de ce dinosaure : son ventre mou ! *Ankylosaurus* devait donc s'écraser au sol pour ne pas être retourné !

QUELS ANIMAUX VIVANT AUJOURD'HUI RESSEMBLENT LE PLUS À ANKYLOSAURUS ?

Ankylosaurus avait une carapace rigide et un ventre mou, comme les tortues géantes qui peuplent les îles Galápagos aujourd'hui.

Le tatou vit en Amérique centrale et en Amérique du Sud ; il est recouvert d'un grand nombre de plaques osseuses qui se chevauchent comme les tuiles d'un toit.

Cela lui donne une couche protectrice souple, mais très résistante aux griffes et aux dents, comme la cuirasse d'*Ankylosaurus*.

QU'Y A-T-IL DE SI GÉNIAL À PROPOS D'ANKYLOSAURUS ?

PÉRIODE D'EXISTENCE

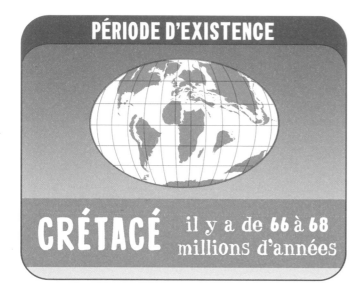

CRÉTACÉ il y a de **66** à **68** millions d'années

TAILLE DES DENTS

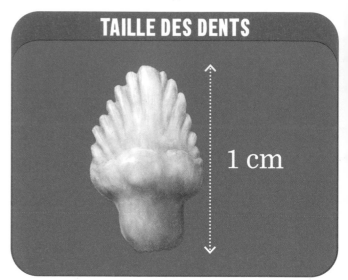

1 cm

POIDS

6000 kg

RAPIDE OU LENT ?

RAPIDITÉ

2 sur 10

EN BREF

DÉCOUVERTES À CE JOUR

5 SQUELETTES PARTIELS

3 CRÂNES

TERRIFIANT OU PAS ?

TROUILLE-O-MÈTRE

2 quand il est relaxe

7 quand on l'attaque

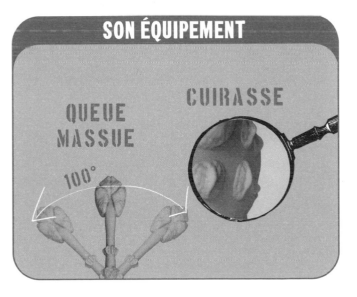

VIANDE OU PLANTES ?

SON ÉQUIPEMENT

QUEUE MASSUE

100°

CUIRASSE

AS-TU LU TOUTE LA SÉRIE ?

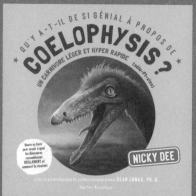

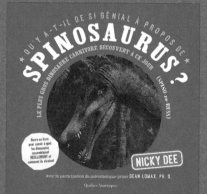

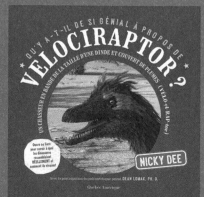

Projet dirigé par Flore Boucher

Traduction : Olivier Bilodeau
Mise en pages : Damien Peron
Révision linguistique : Sabrina Raymond

Québec Amérique
7240, rue Saint-Hubert
Montréal (Québec) Canada H2R 2N1
Téléphone : 514 499-3000, télécopieur : 514 499-3010

Ce texte privilégie la nomenclature zoologique par opposition aux noms vernaculaires des animaux.

Nous reconnaissons l'aide financière du gouvernement du Canada.

Nous remercions le Conseil des arts du Canada de son soutien.
We acknowledge the support of the Canada Council for the Arts.

Nous tenons également à remercier la SODEC pour son appui financier.
Gouvernement du Québec – Programme de crédit d'impôt pour l'édition de livres – Gestion SODEC.

Canada   Conseil des arts Canada Council   SODEC
          du Canada   for the Arts   Québec

Catalogage avant publication de Bibliothèque et Archives nationales du Québec et Bibliothèque et Archives Canada

Titre : Ankylosaurus / Nicky Dee; collaboration, Dean Lomax [et cinq autres]; traduction, Olivier Bilodeau.
Autres titres : Ankylosaurus. Français
Noms : Dee, Nicky, auteur.
Description : Mention de collection : Qu'y a-t-il de si génial à propos de...? | Documentaires |
Traduction de : Ankylosaurus.
Identifiants : Canadiana (livre imprimé) 20210069481 | Canadiana (livre numérique) 2021006949X | ISBN 9782764446966 | ISBN 9782764447055 (PDF)
Vedettes-matière : RVM : Ankylosaures—Ouvrages pour la jeunesse. | RVM : Dinosaures—Ouvrages pour la jeunesse. | RVMGF : Albums documentaires.
Classification : LCC QE862.O65 D44214 2022 | CDD j567.915—dc23

Dépôt légal, Bibliothèque et Archives nationales du Québec, 2022
Dépôt légal, Bibliothèque et Archives du Canada, 2022

Tous droits de traduction, de reproduction et d'adaptation réservés

Titre original : *What's so special about Ankylosaurus?*
Published in 2021 by The Dragonfly Group Ltd

email info@specialdinosaurs.com
website www.specialdinosaurs.com

REMERCIEMENTS

Dean Lomax, Ph. D.
Paléontologue remarquable plusieurs fois récompensé, auteur et communicateur scientifique, M. Lomax a collaboré à la réalisation de cette série à titre d'expert-conseil.
www.deanrlomax.co.uk

David Eldridge
Spécialiste en conception de livres.

Gary Hanna
Artiste 3D de grand talent.

Scott Hartman
Paléontologue et paléoartiste professionnel, pour les squelettes et les silhouettes.

Ian Durneen
Artiste numérique de haut niveau, pour les illustrations numériques des dinosaures en vedette.

Ron Blakey
Colorado Plateau Geosystems Inc.
Créateur des cartes paléogéographiques originales.

Ma famille
Pour sa patience, ses encouragements et son soutien extraordinaire. Merci !

FSC
MIXTE
Papier issu de sources responsables
FSC® C011825